Made in the USA
Las Vegas, NV
09 December 2022

61625597R00066